まちごとチャイナ

Jiangsu 007 Zhenjiang
鎮 江
長江と大運河の「黄金十字路」

Asia City Guide Production

【白地図】鎮江と江南地方

CHINA
江蘇省

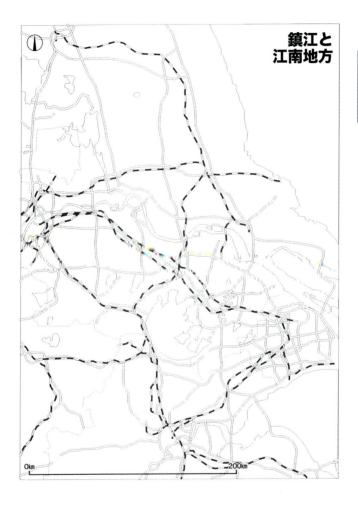

【白地図】鎮江

CHINA
江蘇省

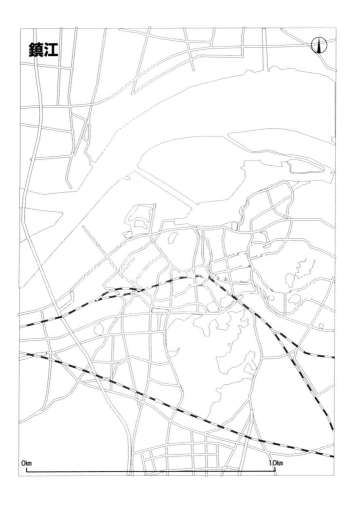

【白地図】金山

CHINA
江蘇省

金山

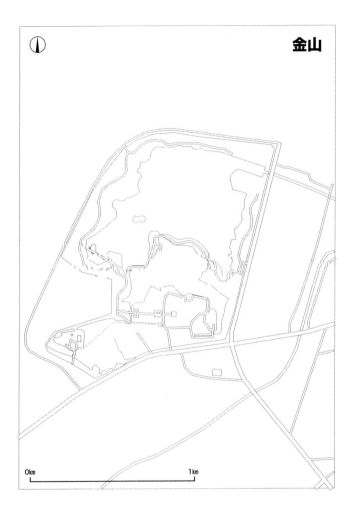

Zhenjiang 白地図

【白地図】西津古渡

CHINA
江蘇省

【白地図】新市街

CHINA
江蘇省

【白地図】鎮江旧城

CHINA
江蘇省

鎮江旧城

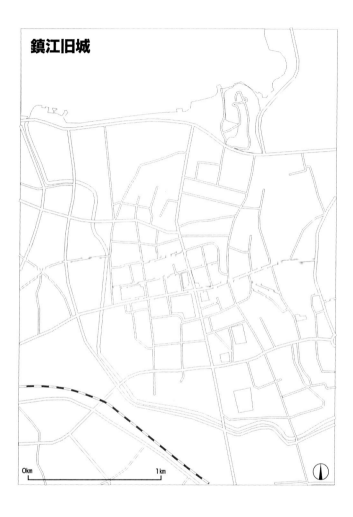

【白地図】北固山

CHINA
江蘇省

【白地図】焦山

CHINA
江蘇省

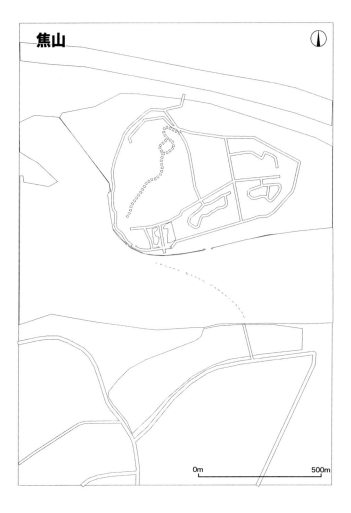

【白地図】南山

CHINA
江蘇省

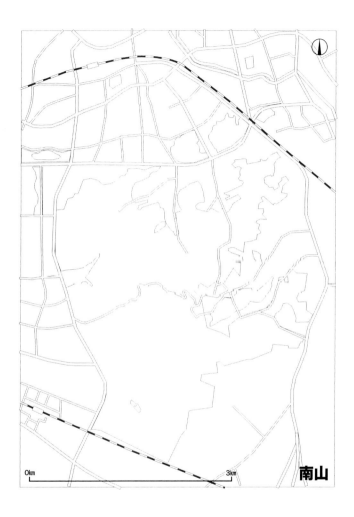

【白地図】鎮江郊外

CHINA
江蘇省

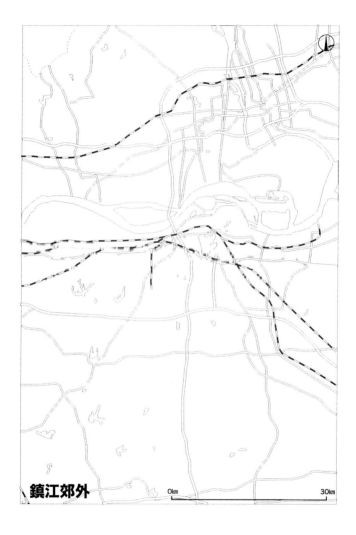

鎮江郊外

【まちごとチャイナ】
江蘇省 001 はじめての江蘇省
江蘇省 002 はじめての蘇州
江蘇省 003 蘇州旧城
江蘇省 004 蘇州郊外と開発区
江蘇省 005 無錫
江蘇省 006 揚州
江蘇省 007 鎮江
江蘇省 008 はじめての南京
江蘇省 009 南京旧城
江蘇省 010 南京紫金山と下関
江蘇省 011 雨花台と南京郊外・開発区

江蘇省中央南部、長江をはさんで揚州と向かいあうように位置する鎮江。金山、北固山、焦山の鎮江（京口）三山が大河に面して立ち、これら山水の織りなす美しさから「天下第一江山」と呼ばれてきた。

鎮江は古くから交通の要衝として知られていたが、208年、三国呉の孫権がこの地に宮殿をおき、あたりの開発が進んだ。その後の610年、隋の煬帝によって江南から北京へ続く大運河が開削され、中国東西を結ぶ長江と南北を結ぶ運河が交わる江南屈指の要衝へと成長をとげた。

鎮江
Zhen Jiang
镇江 Zhèn Jiāng チェンジィァン

　以後、鎮江を制することが王朝の興亡に関わるほどの地位をしめ、中国各地から人、もの、金が集まる商業都市となった。現在、鎮江には遣唐使や雪舟が足跡を残した古刹金山寺、劉備玄徳が結婚式をあげたという『三国志演義』ゆかりの甘露寺など、歴史や文学に彩られた古都の面影を見せている。

【まちごとチャイナ】

江蘇省 007 鎮江

CHINA
江蘇省

目次

鎮江	xxii
美しき黄金十字水道	xxviii
金山寺鑑賞案内	xxxvi
古刹に伝わる物語	xlviii
西津古渡城市案内	liii
新市街城市案内	lxvi
鎮江旧城城市案内	lxxiii
北固山鑑賞案内	lxxxv
焦山鑑賞案内	xciv
南山城市案内	ciii
鎮江郊外城市案内	cx
城市のうつりかわり	cxxii

【MEMO】

【地図】鎮江と江南地方

CHINA
江蘇省

鎮江と
江南地方

Zhenjiang

鎮江

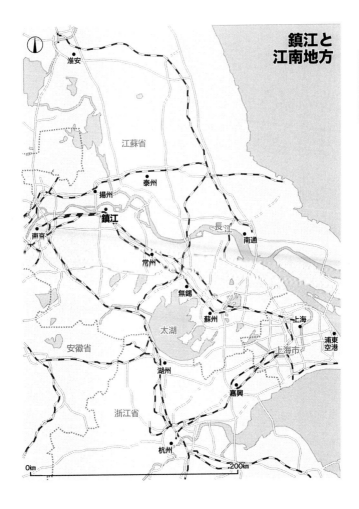

美しき
黄金
十字水道

CHINA
江蘇省

東は蘇州から上海、西は長江中流域から上流域へ
鎮江は水路を使って各地へ通じる
四通八達の地として発展してきた

長江と、大運河と

中国最大の大河長江は、西のチベット高原から重慶、武漢、南京を通って東の海にいたる。この長江と十字に交差するのが杭州から北京へ続く大運河で、豊かな江南の物資を華北へ運ぶ生命線となってきた。中国を代表するふたつの水道は鎮江で交差し、北岸の揚州とともに中国の南北を結ぶ長江渡河地点でもあった（2005年に橋がかかるまで、船が人々の渡河手段だった）。4世紀以来、華北から南渡した人々が住み着いたこともあり、鎮江はちょうど北方方言と呉方言が交わる地域でもあるという。

Zhenjiang

美しき黄金十字水道

長江にのぞむ地形

鎮江近くの寧鎮丘陵がちょうど長江デルタの扇の部分にあたり、今から6000年前、長江は鎮江あたりで海に入っていた。以後、時代がくだるにつれて、堆積作用で長江下流域の平野がつくられていった（鎮江から長江がやや南に流れるのは潮の満ち干きによるものだという）。長江に面して、金山、北固山、焦山がそびえる天然の要衝を形成することから、鎮江は軍事上の拠点となってきた。またこれらの山は絶壁、島状にそびえることから美しい景観をつくっている。長江はかつて街により近いところを流れていたが、北側へと流れを変え、

CHINA
江蘇省

▲左　金山寺は江南を代表する仏教の一大中心地。　▲右　古い街並みが残る西津古渡

現在陸とひと続きになっている金山もかつては長江に浮かぶ島だったという。

鎮江から日本へ

鎮江は北から南へ訪れる旅人、南から北へ向かう旅人が必ず通ると言えるほど重要な交通路となってきた。とくに8世紀以後、日本から長江河口部へいたった遣唐使、寧波を窓口とした遣明使などの使節団も運河を北上し、鎮江を経由して北京や長安（西安）に向かっている（中国の優れた政治制度や仏教を学ぶため、日本の官吏や僧侶が海を渡った）。こうし

【MEMO】

CHINA
江蘇省

たところから、古来、阿倍仲麻呂や空海、雪舟など、多くの日本人が鎮江に足跡を残し、この地発祥の金山寺味噌、『白蛇伝』などが日本に伝わっている。

鎮江の構成

鎮江の街は長江に沿うように、その南岸に展開する。3世紀に三国呉の孫権が宮殿をおいた北固山前峰(もっとも南の峰)は現在、「古城公園」として整備されている。その古城公園西側に明清時代の街「鎮江旧城」が位置し、そこから唐代以来の長江対岸への渡し場「西津古渡」へと大西路が続く。19

▲左　甘露寺から鎮江市街をのぞむ。　▲右　そり返った屋根瓦、焦山の定慧寺にて

世紀末、鎮江の地の利に目をつけたイギリスはこの西津古渡界隈に租界を構え、波止場と旧城のあいだの新市街が発展した（中国人の暮らす上海旧城と、黄浦江に面したイギリス租界という近代上海と同様の構造をもっていた）。現在では、開発区の鎮江新区が市街東部におかれ、市街南部に鎮江南駅がつくられるなど、街は郊外へと広がりを見せている。鎮江は3000年の歴史のなかで、丹徒、京口、潤州などと呼びかたを変えてきたが、それらは行政区の名前として使われている。

Zhenjiang 美しき黄金十字水道

【地図】鎮江

【地図】鎮江の [★★★]
- [ ] 金山寺 金山寺ジンシャンスー
- [ ] 西津古渡 西津古渡シイジングウドウ

【地図】鎮江の [★★☆]
- [ ] 長江 长江チャンジィアン
- [ ] 大市口広場 大市口广场ダイシイコウグァンチャン
- [ ] 北固山 北固山ベイグウシャン
- [ ] 焦山 焦山ジャオシャン

【地図】鎮江の [★☆☆]
- [ ] 鎮江港 镇江港チェンジィアンガン
- [ ] 山巷広場 山巷广场シャンシィアングアンチャン
- [ ] 鎮江旧城 镇江旧城チェンジィアンジュウチャン
- [ ] 古城公園 古城公园グウチャンゴンユゥエン
- [ ] 南山風景区 南山风景区ナンシャンフェンジンチュウ
- [ ] 招隠寺 招隐寺チャオインスー
- [ ] 潤揚大橋 润扬大桥ルンヤンダアチャオ
- [ ] 瓜州 瓜州グゥアチョウ

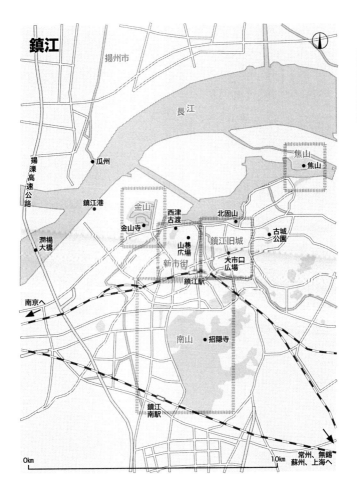

Guide, Jin Shan Si
金山寺鑑賞案内

CHINA
江蘇省

鎮江市街から北西に3km
長江河畔の水面に浮かぶ金山は
江南有数の古刹として知られる

金山寺 金山寺 jīn shān sì ジンシャンスー ［★★★］

大雄宝殿、妙高台、観音閣などの伽藍が高さ60mの山を埋め尽くすように展開することから、「寺院が山をおおう」とたたえられる金山寺。創建は4世紀の東晋時代にさかのぼり、505年、南朝梁の武帝がこの寺で水陸会（水辺の生物に食をほどこし、功徳を得る中国仏教の法会）を行なって仏教の一大聖地へと成長した。唐代、この山の中腹から黄金が採掘されたことで金山寺と呼ばれ、同様に唐代8世紀に禅宗の寺になった。空海や雪舟など多くの日本僧侶が訪れて記録を残し、雪舟が「龍遊寺」と記しているのは、北宋第3代真宗

（龍）が金山寺で遊ぶ夢を見たことで名づけられた寺名に由来する。また中国の民間伝承で日本にも伝わる『白蛇伝』の発祥地と知られるなど、数々の神話や伝説に彩られた古刹となっている。

水漫金山

現在、鎮江市街と陸続きになっている金山寺（「浮玉山」）は、清代以前は長江に浮かぶ周囲500mほどの島だった（1793年、鎮江を訪れたイギリスの使節マカートニーは、「河のほぼ真ん中に、ポツンと円錐形のかなりの高さと広がりの岩がある」

【地図】金山の [★★★]
- [ ] 金山寺 金山寺ジンシャンスー

【地図】金山の [★★☆]
- [ ] 大雄宝殿 大雄宝殿ダアシィオンバオディエン

【地図】金山の [★☆☆]
- [ ] 中冷泉 中冷泉チョンランチュウエン
- [ ] 法海洞 法海洞ファアハイドン
- [ ] 慈寿塔 慈寿塔ツーショウタア
- [ ] 文宗閣 文宗阁ウェエンチョンガア

金山

CHINA
江蘇省

と記している)。そのため、金山寺に訪れるためには船に乗って上陸する必要があり、長江による水害を受けることもしばしばだった。こうしたことから、『白蛇伝』のなかで「水漫金山(竜王が水浸しにする)」と描かれたり、北宋の11世紀に鎮江で『夢渓筆談』を執筆した沈括も「(黄河から手に入れた龍の卵が金山寺におさめられ、そのせいで)金山寺の建物が洪水で流された」ことについて言及している。

▲左 『白蛇伝』の舞台にもなった金山。　▲右　中冷泉へ向かう船が待機している

中冷泉 中冷泉
zhōng lěng quán チョンランチュウエン ［★☆☆］

金山寺の西側に広がる中冷泉。江南有数の美しい水が湧くとされ、この泉で飲むお茶の味の美味さは広く知られてきた。各地の泉を渡り歩いた唐代の陸游（『茶経』の著者）が中冷泉を「全国七位」と評し、その後、同じく唐の劉伯芻によって「天下第一泉」と評価された。芙蓉楼が立つ。

法海洞 法海洞 fǎ hǎi dòng ファアハイドン ［★☆☆］

法海洞は金山中腹にある石灰岩の洞窟。『白蛇伝』に登場す

CHINA
江蘇省

る金山寺の僧侶法海が坐禅を組んだ場所だと伝えられ、法海の塑像がおかれている(『白蛇伝』では男女の恋仲を切り離す悪党として描かれているが、歴史上はそうではなかったという)。金山寺という寺名は、この洞窟で金塊を掘りあてたためとも言われ、近くには『白蛇伝』で法海のもとから逃れた許仙にちなむ白竜洞も位置する。

大雄宝殿 大雄宝殿
dà xióng bǎo diàn ダアシィオンバオディエン [★★☆]
金山寺の本尊釈迦牟尼仏を安置し、この寺の中心にあたる大

雄宝殿。四隅の屋根がそり返った中国風の建築で、現在の建物は20世紀末に再建されたものとなっている。

慈寿塔 慈寿塔 cí shòu tǎ ツーショウタア ［★☆☆］
金山の頂上部に立つ高さ30ｍ、七層八角の慈寿塔。もともと南朝宋代（420〜479年）に創建され、その後、宋代に双塔になったが、明代に再び、ひとつの塔になった。上層階から長江や鎮江の街を眺められるほか、水辺にこの塔がそびえる姿は鎮江を象徴する景色となっている。

CHINA
江蘇省

文宗閣 文宗阁 wén zōng gé ウェエンチョンガア ［★☆☆］
乾隆帝の命で編纂された『四庫全書』が納められていたという文宗閣。『四庫全書』には古今東西の書物が集められ、14年の月日をかけて1781年に完成した。それらは文淵閣（北京故宮）、文源閣（北京円明園）、文津閣（熱河避暑山荘）、文溯閣（瀋陽）に、その写本は文匯閣（揚州大観堂）、文宗閣（鎮江金山寺）、文瀾閣（杭州聖因寺）に1部ずつ安置されていた。江南の『四庫全書』は北方満州族を出自とする清朝がその文化的権威を示す意図もあったという。文宗閣は長らく荒廃していたが、2011年、もとあった場所に再建された。

▲左　金山寺の中心にあたる大雄宝殿。　▲右　池には美しい蓮花が咲いていた

玉帯と袈裟の交換

金山寺に残る宝物のひとつに、北宋時代の名官吏蘇東坡の玉帯がある。この地を訪れた蘇東坡が、金山寺の住持仏印禅師（1032〜1098年）の問いに答えられなかったことで、自ら身につけていた白玉帯を送り、僧侶はそのお返しに自らの袈裟を蘇東坡に送ったのだという。この仏印禅師は金山寺中興の祖と言われる名僧で、豚を焼いて蘇東坡をもてなしたと伝えられる。

江蘇省

江天一覧の碑 江天一覧
jiāng tiān yī lǎn ジィアンティエンイイラン [★☆☆]

金山の頂上部に立つ「江天一覧の碑」。清朝第4代康熙帝が南巡した際、金山にのぼり、この地の美しい山水を眺めた場所だとされる（康熙帝や乾隆帝などの清朝皇帝は南巡して江南の食、景色を愛で、清朝離宮の避暑山荘にも金山寺を模してつくらせた金山島が残る）。金山寺には康熙帝による「江天禅寺」の扁額がかかるほか、南巡した皇帝たちが上陸した御桟橋も位置する。

【MEMO】

古刹に伝わる物語

CHINA
江蘇省

日本でも広く親しまれている
『白蛇伝』や金山寺味噌
水墨画を大成させた雪舟ゆかりの寺でもある

白蛇伝

蛇の化身で人間の姿に化けた白娘子と、人間の許仙は愛しあって結婚するが、ふたりの仲を仏僧法海がひき裂こうとする『白蛇伝』の物語。法海は白娘子の正体を計略であばき、許仙を鎮江金山寺へ連れてきた。一方、夫をとり返すため、白娘子は金山寺で法海と戦うといった筋書きをもつ（白娘子に味方した竜王が金山寺を水浸しにする）。この民話は小説や劇などで繰り返し描かれ、日本では上田秋成の『雨月物語』のなかに同様の話が認められる。史実では明代初期、許仙という青年が白素貞という娘と愛しあい、ふたりの薬屋は繁盛

したものの、人の嫉妬を買って金山寺の僧侶法海に訴えられるという話があるという。実際の法海は名僧だったと伝えられる。

雪舟の描いた鎮江

室町時代、水墨画を大成した雪舟は、1467〜69年に遣明使に随行して中国を訪れている。備中に生まれた雪舟は京都の相国寺で修行したのち、48歳のときに中国へ渡った(禅宗は室町幕府の保護を受け、京都五山の僧侶が幕府の財政や外交をになっていた)。寧波から運河をさかのぼって北京の皇

CHINA
江蘇省

帝のもとへ向かい、その途上で鎮江に立ち寄っており、『唐土勝景図鑑』では「北京より四十日此処に至る。南京は此処より航路一日ゝ半なり」という言葉とともに、金山寺から画がはじまる。当時、北京の宮廷でも流行していた浙派の荒々しい筆使いや中国の自然は雪舟に影響をあたえ、明への旅をへて雪舟は水墨画を大成させたと言われる（遣明使には仏僧や官吏のほか、景色や情景を記録する絵描きがいた）。

金山寺味噌

精白麦、大豆に、瓜、茄子、木耳、蓮音、麻の実などを加え

▲左　西津古渡はマルコ・ポーロも上陸したという波止場跡。　▲右　金山寺は当時ゆかりの場所でもある

て発酵させた甘みある金山寺味噌。この金山寺味噌は、鎌倉時代の1249年に中国に渡った仏僧覚心によって1254年、日本に伝えられた。覚心は杭州径山寺で「鎮江金山寺の味噌は天下第一だ」と聞いて、金山寺を訪れ、なかなか教えてもらえなかった秘伝の製法を教わった（また径山寺味噌ともいう）。日本では覚心にちなむ和歌山の名物として知られていたが、紀州家の徳川吉宗が将軍になったことから、江戸にも広がった。中国では調理や漬けものに味噌を使うのに対して、日本ではそれに加えて味噌汁にして飲む習慣がある。

**Guide,
Xi Jin Gu Du**
西津古渡
城市案内

西津古渡は古くからの長江の渡河地点で
旅人はここから対岸の揚州へと渡った
あたりは石づくりの古い街並みを残す

長江 长江 cháng jiāng チャンジィアン ［★★☆］

中国最大の大河長江は、チベット高原に発し、重慶から三峡、武漢、南京をへて鎮江にいたり、上海近くで海に注ぐ（全長6300km）。かつて鎮江での川幅は「十里（約5km）」と言われていたが、堆積が進み、流れも北側へ移動した。20世紀初頭に鉄道が敷設される以前は、長江を行き交うジャンク船が移動の主要な手段となっていて、鑑真は鎮江対岸の瓜州から船出をしたと伝えられる。また鎮江あたりの長江では、現在も海水の干満の影響を受けるという。

【地図】西津古渡

【地図】西津古渡の [★★★]
- [ ] 西津古渡 西津古渡シイジングウドウ

【地図】西津古渡の [★★☆]
- [ ] 長江 长江チャンジィアン
- [ ] 昭関石塔 昭关石塔チャオガァンシイタア
- [ ] 鎮江市博物館 镇江市博物馆 チェンジィアンシイボオウグァン

【地図】西津古渡の [★☆☆]
- [ ] 待渡亭 待渡亭ダイドゥティン
- [ ] 伯先路 伯先路ボオシアンルウ
- [ ] 雲台山 云台山ユンタイシャン

CHINA
江蘇省

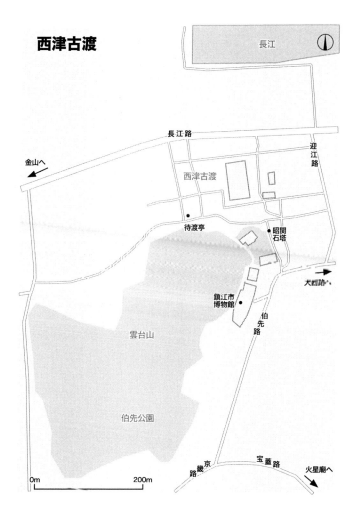

江蘇省

西津古渡 西津古渡 xī jīn gǔ dù シイジングウドウ ［★★★］
雲台山の北麓に残る西津古渡は、古くから長江の渡河地点だったところで、「津」とは渡し場を意味する。唐宋代以来からの伝統をもつという石畳が今も残り、あたりには清代に建てられた石づくりの民家や商人の家が密集している。「小馬頭街」「千年古渡」「宋街」とも呼ばれ、明代、雪舟作の『唐土勝景図鑑』で「上京渡也（北京へ続く渡し場）」と描かれているほか、マルコ・ポーロが上陸したのもこの場所だと言われる。2005年まで長江にかかる橋がなかったことから、揚州側の瓜州と鎮江のあいだの約3.9kmを結ぶフェリーが頻

▲左 中国を南北に結ぶ大運河」の渡し場だった。 ▲右 長江を往来する船が見える、鎮江港

繁に往来していた。

鎮江港 镇江港 zhèn jiāng gǎng チェンジィアンガン [★☆☆]

長江は中国各地の人や物資を運ぶ大動脈でもあり、長江流域沿いの各地に河港がおかれていた。鎮江には、3世紀、三国呉の孫権によって埠頭がつくられたと言われ、長江流域でもっとも古い港にあげられる。東西の大動脈と南北の運河が交わる鎮江の港には、無数のジャンク船が往来する姿があった（交通の要衝であり、絹の産地であった鎮江には各地から商人が集まっていた）。またアヘン戦争以後の19世紀に開港

されると、イギリスは中国奥地へ通じる鎮江に租界を構え、蒸気船が上海とのあいだを行き交った。現在、市街東部に位置する鎮江新区の大港に、水深の深い鎮江の新たな港がつくられている。

待渡亭 待渡亭 dài dù tíng ダイドゥティン [★☆☆]
西津古渡の街角に残る待渡亭。待渡亭とは「長江を渡るのを待つ亭」を意味し、ここで旅人は長江を渡河する船を待った。運河を往来する官吏の送迎時に、銅鑼や太鼓を鳴らしたことから、鑼鼓亭とも呼ばれた。

▲左 旅人が渡河を待った待渡亭。　▲右 元代に創建された昭関石塔

昭関石塔 昭关石塔
zhāo guān shí tǎ チャオガァンシイタア　[★★☆]

西津古渡の道をたどったなかほどに、路地におおいかぶさるように立つ昭関石塔。元代（1271～1368年）に建てられたチベット仏教の石塔で、高さは4.5mになる。中国仏教が西域や南海交易で伝わったのに対して、チベット仏教はインドからヒマラヤ、チベットをへて伝わった（シャーマニズムの要素が強いことなどから、モンゴルの支配者に受け入れられた）。宝瓶のかたちをした仏塔は、仏がもっていたという水瓶に由来すると言われる。

CHINA
江蘇省

鎮江市博物館 镇江市博物馆 zhèn jiāng shì bó wù guǎn
チェンジィアンシイボオウウグァン ［★★☆］

雲台山の山麓に立つ鎮江市博物館は、イギリスが租界を構えた時代の領事館を前身とする。1889年に建設された欧風建築（イギリスが植民地で建てた様式）で、1958年になって博物館として開館した。絵画、書籍など3万あまりを収蔵し、規模は小さいものの、イギリスが中国全土から集めた金銀器などが残る。イギリスが集めた品の量の多さから、本国へもって帰られなかったものだともいう。

▲左 仙体宇の看板が見える。　▲右 かつてのイギリス領事館が転用された鎮江市博物館

イギリスの租界

アヘン戦争以前の清朝では鎖国体制がとられていたが、1858年の天津条約で、南京、漢口、九江などともに鎮江の開港が決まった。イギリスの目的は莫大な人口を抱える長江流域で自国の製品を売ることにあり、鎮江に租界（実質的な植民地）をおいて領事館を構えた。イギリス旅券をもつ者が自由に旅行できること、キリスト教の宣教師が布教にあたれる権利なども得て、上海から鎮江、漢口を結ぶ汽船が往来し、山東省など華北へ続く鉄道が敷かれた。

江蘇省

伯先路 伯先路 bó xiān lù ボオシアンルウ ［★☆☆］
雲台山の東側を走る伯先路には、イギリス租界時代の近代建築が残る。1861年に租界がおかれてから、銀行や商社などのイギリス系企業が進出し、石づくりの欧風建築がこの通り沿いに建てられた（1927年に返還された）。

雲台山 云台山 yún tái shān ユンタイシャン ［★☆☆］
西津古渡の南側にそびえる標高69mの雲台山。西津古渡が古くからの渡し場となっていたこともあり、三国時代の3世紀、諸葛孔明が曹操を迎え撃つための「はかりごと」をめ

ぐらせた場所とも伝えられる(そのため算山とも呼ばれる)。この雲台山の南側は緑豊かな伯先公園となっている。

七夕伝説の残る街

牽牛と織姫という愛しあうふたりが、天帝の怒りにふれ、「7月7日の夜にだけ会うことが許された」という七夕伝説。この民間伝承は中国各地に残っていて、鎮江も七夕伝説の発祥の地のひとつにあげられるという。七夕伝説は天の川をはさんでふたつの星が対峙する様子を、農耕(牽牛)、養蚕(織姫)と関係づけたもの、川をはさんで南北にひきさかれた男女と

CHINA
江蘇省

関係づけたものなどと解釈され、さまざまなかたちをとりながら日本にも伝承されている(『荊楚歳時記』に記されるなど、七夕伝説は中国南部との関係が指摘される。鎮江は蘇州とともに絹の生産地)。

Guide, Xin Cheng Shi
新市街
城市案内

CHINA
江蘇省

鎮江市街の中心部を流れる古運河
その西側から西津古渡にかけては
20世紀に入ってから開発が進んだ

火星廟 火星庙 huǒ xīng miào ホオシンミャオ [★☆☆]
中国江南地方の伝統民居がならぶ一角に残る火星廟。古来、中国では赤く光る火星を「熒惑（けいわく）」と呼び、戦争や飢饉を招く天上の執法官と考えられてきた（目視できる5つの惑星に「五行説」の木・火・土・金・水が割りあてられ、「陰陽」の月・日とあわせて1週間を構成した）。行事の日に劇が演じられた古戯台が残っているほか、周囲には官吏の邸宅跡や古井戸も位置する。

城西清真寺 城西清真寺
chéng xī qīng zhēn sì チャンシーチンチェンスー［★☆☆］
城西清真寺は山巷に立つイスラム教礼拝堂（西大寺）。中国の伝統建築で建てられ、回族の人々が礼拝に訪れている（豚肉を食べないなどの生活上の規定があるため、イスラム教徒は集住してきた）。また市街南東に古潤礼拝寺が位置する。

山巷広場 山巷广场 shān xiàng guǎng chǎng
シャンシィアングアンチャン［★☆☆］
鎮江旧市街と西津古渡を結ぶ大西路に位置する山巷広場。鎮

【地図】新市街

【地図】新市街の ［★★★］
- ☐ 西津古渡 西津古渡 シイジングウドウ

【地図】新市街の ［★★☆］
- ☐ 長江 长江 チャンジィアン
- ☐ 鎮江市博物館 镇江市博物馆 チェンジィアンシイボオウウグァン

【地図】新市街の ［★☆☆］
- ☐ 火星廟 火星庙 ホオシンミャオ
- ☐ 城西清真寺 城西清真寺 チャンシーチンチェンスー
- ☐ 山巷広場 山巷广场 シャンシィアングアンチャン
- ☐ 大西路 大西路 ダアシイルウ
- ☐ 賽珍珠故居 赛珍珠故居 サイチェンチュウグウチュウ
- ☐ 鎮江旧城 镇江旧城 チェンジィアンジュウチャン
- ☐ 古運河 古运河 グウユンハア

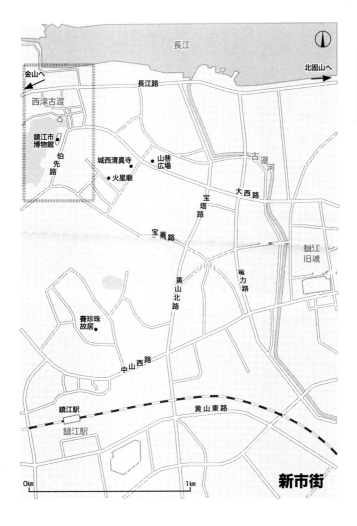

CHINA
江蘇省

江旧城から長江を結ぶ要所で、明清時代には京口大閘と呼ばれる運河の閘門があった。円形の広場には人々が集まる。

大西路 大西路 dà xī lù **ダアシイルウ** [★☆☆]
大西路は鎮江を代表する繁華街。鎮江の街は、物資の集まる長江に近い旧城西側が発展し、大西路は旧城西門から長江へ向かって走っている。清代、商人が集まる茶館や倉庫がならんでいたが、現在は大型商店などが立つ。

▲左 伝統的な衣装をまとう人、ショッピングモールにて。 ▲右 人力車が客引きをする、人西路に交差する宝塔路

賽珍珠故居 赛珍珠故居
sài zhēn zhū gù jū サイチェンチュウグウチュウ [★☆☆]

中国を描いた『大地』などでノーベル文学賞を受賞したパール・バックが少女時代を過ごした賽珍珠故居（賽珍珠はパール・バックの中国名）。「丘の上のバンガロー」として『母の肖像』にも登場する2階建ての家で、寝室、著書や資料が展示されている。パール・バックはキリスト教の伝道師である父の関係で、生後4か月から中国で暮らし、鎮江（1894〜1917年）から、安徽省宿州（1917〜1921年）、南京（1921〜1934年）と中国各地を転々とした。1905年、長江流域で

CHINA
江蘇省

大規模な水害による飢饉が発生し、そうした時代状況のなか、南京で『大地』が執筆された。

淮揚料理

長江や運河の恵みを受けた「魚米の里」の鎮江。四通八達の地として知られたこの街には、古くから山海の珍味や食通の官吏、商人が集まり、豊かな食文化が育まれてきた。鎮江特産の黒酢や砂糖のあまさで味つけたまろやかな料理は淮揚料理と呼ばれ、煮た豚もも肉を酢につけて食べる「肴肉」、蟹味噌や豚肉を皮でまいた「蟹黄湯包」などが知られる。

Guide, Jiu Cheng
鎮江旧城城市案内

鎮江の繁栄を支えてきた運河
その運河にそうようにして
城壁に囲まれた鎮江旧城があった

鎮江旧城 镇江旧城
zhèn jiāng jiù chéng チェンジィアンジュウチャン[★☆☆]

明清時代以来の伝統をもち、古運河にそって菱型に走る城壁に囲まれていた鎮江旧城。南北に走る解放路と、東西に走る中山路がその大動脈で、旧城跡には「都市の守り神」をまつる城隍廟も残る(南水関と北水関から運河が旧城内部にひきこまれていた。城壁は撤去され、老北門などの地名が残っている)。19世紀末に鎮江が開港されると、長江により近い旧城西部が開けていった。

【地図】鎮江旧城

【地図】鎮江旧城の [★★☆]
- ☐ 大市口広場 大市口广场ダイシイコウグァンチャン
- ☐ 北固山 北固山ベイグウシャン
- ☐ 甘露寺 甘露寺ガンルウスー
- ☐ 長江 长江チャンジィアン

【地図】鎮江旧城の [★☆☆]
- ☐ 鎮江旧城 镇江旧城チェンジィアンジュウチャン
- ☐ 古運河 古运河グウユンハア
- ☐ 張雲鵬故居 张云鹏故居チャンユンパングウジュウ
- ☐ 夢渓園 梦溪园マンシイユゥエン
- ☐ 大西路 大西路ダアシイルウ

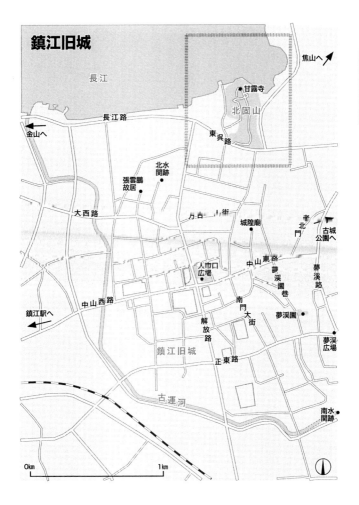

江蘇省

大市口広場 大市口广场
dà shì kǒu guǎng chǎng ダイシイコウグァンチャン[★★☆]
解放路と中山東路が交差する地点に位置する大市口広場。周囲は鎮江有数のにぎわいを見せる繁華街となっていて、大型店舗がならび立つ（明清時代から鎮江旧城の中心にあたった）。

鎮江香酢

鎮江香醋は山西老陳醋とともに中国を代表するお酢で、「酢は、江蘇の鎮江のものを以ってもっとも良しとす」（『中国医

▲左　大市山広場界隈は鎮江屈指の繁華街。　▲右　中国を代表する鎮江のお酢

学大典』）の言葉でも知られてきた。鎮江では、瓶のなかに白米、水、麹をくわえて発酵させる伝統的な天然醸造の製法が受け継がれ、色、香り、酸味、濃さなどで優れた黒酢が生成されている。こうした品質は、鎮江の美しい水、質のよい米、麹の活動に適した気候などが作用し、鎮江は酢のほかにも「酒」や「金山寺味噌」でも名高い（古代日本の大和朝廷は、南京に都をおいた南朝に使節を派遣していて、応神天皇の時代に清酒醸造法と酢醸造法が伝えられたという）。

江蘇省

古運河 古运河 gǔ yùn hé グウユンハア ［★☆☆］

物資や人が往来し、鎮江の繁栄を支えてきた古運河。鎮江から無錫、蘇州をへて杭州へ続く江南運河は610年、隋の煬帝によって開削された。鎮江は長江以北の華北へ続く大運河の要衝となり、隋唐宋から明清時代まで豊かな江南の物資が運河を使って運ばれた（洛陽や北京などの政治の中心と蘇州や杭州などの経済・文化中心を運河が結びつけた）。この運河は長江対岸の揚州とともに鎮江の繁栄を決定づけ、鎮江旧城にそって流れる古運河に対して、明代に整備された京杭大運河は古運河の東側を流れる。

▲左 鎮江旧城には江南の伝統民居の姿も見える。 ▲右 街角の屋台、甘くあっさりした味つけの料理が食べられる

張雲鵬故居 张云鹏故居
zhāng yún péng gù jū チャンユンパングウジュウ [★☆☆]

鎮江旧城の北門跡近くに残る張雲鵬故居。張雲鵬は1900年、清代の皇帝に仕えた名門の家に生まれ、その後、医者として活躍した。大規模な開発が進んだ周囲にあって、張雲鵬故居は20世紀初頭の中華民国時代に建てられた江南住宅の姿を今に伝える。中庭が連続する四合院と呼ばれる様式をもち、書や調度品が飾られている。

▲左 沈括が隠遁生活を送ったという夢渓園。　▲右　中国を代表する科学者で、王安石のもとで活躍した

夢渓園 梦溪园 mèng xī yuán マンシイユゥエン ［★☆☆］

夢渓園は中国を代表する科学者の沈括（1031〜1095年）が晩年を過ごした邸宅。地方官吏の子供として生まれた沈括は、父の任地である江南を転々としながら、やがて自らも科挙に合格した。北宋の王安石のもとで活躍したが、対西夏外交で失脚し、以後、1088年から鎮江（と嘉興）で隠棲しながら『夢渓筆談』を執筆した（夢渓園は沈括がかつて夢見た理想の隠棲の地で、名前はこの邸宅の泉にちなむ）。『夢渓筆談』には北宋の政治、経済、民間伝承から科学技術に関する幅広い記述があり、夢渓園で「語りあう相手は筆と硯だけ」だったことから筆談と名づけられた。

【MEMO】

CHINA
江蘇省

古城公園 古城公园
gǔ chéng gōng yuán グウチャンゴンユゥエン [★☆☆]

三国時代の208年に呉の孫権が鉄甕城を築き、のちに周瑜の司令部があった場所が古城公園として整備された。当時、現在の北固山公園（北固山後峰）からこの古城公園（北固山前峰）にかけて3つの山が連なり、天然の要害をつくっていた。三国呉以後も、六朝時代の宋武帝、梁武帝、明の朱元璋、乾隆帝などがこの地を訪れ、前峰から中峰、後峰へといたる尾根は龍埂と呼ばれている（龍のように続くことと、龍にたとえられる皇帝にちなんで）。

杭州から鎮江、南京へ

3世紀の三国時代、江南地方は漢族とは異なる民族が多く暮らすところで、のちに呉を建国する孫氏は杭州を拠点としていた。195年、孫権の兄孫策が、この地方に暮らす豪族などを従え、杭州から西方に向かって勢力を伸ばした（周瑜は揚州、魯粛は江淮の人）。やがて孫権は鎮江、南京、武昌に拠点を築き、222年、南京を都とする呉を樹立して曹操の魏、劉備の蜀に対抗した。この孫権の時代に江南の開発が進み、鎮江から無錫にかけて大屯田地帯毗陵がおかれて、軍人たちは平時に農業を営んでいた。

Guide, Bei Gu Shan
北固山
鑑賞案内

鎮江旧城の北側に立つ鎮江三山のひとつ北古山
三国志や漢詩の舞台として描かれてきた
美しい自然と歴史に彩られた寺院が展開する

北固山 北固山 běi gù shān ベイグウシャン [★★☆]

長江の流れを眼下に、切り立った崖のように立つ高さ53m
の北固山。南朝梁の武帝（在位502〜549年）がこの山のう
えから長江を眺め、その美しさを「天下第一江山」とたたえた。
もともと呉の孫権の宮殿がおかれた前峰（古城公園）、中峰、
後峰（甘露寺が立つ）からなり、唐代以前は長江に突き出す
半島状だったという。現在は、唐代、李徳裕によって建てら
れた甘露寺、孫権がそのうえに乗り、劉備と曹操への対抗策
を語ったという狼石、劉備との結婚式で孫権の妹が化粧をし
たという多景楼、魯粛の墓、試剣石など『三国志演義』ゆか

【地図】北固山

【地図】北固山の [★★☆]
- ☐ 北固山 北固山ベイグウシャン
- ☐ 甘露寺 甘露寺ガンルウスー
- ☐ 長江 长江チャンジィアン

【地図】北固山の [★☆☆]
- ☐ 甘露寺鉄塔 甘露寺铁塔ガンルウスーティエタア
- ☐ 試剣石 试剑石シイジィエンシイ

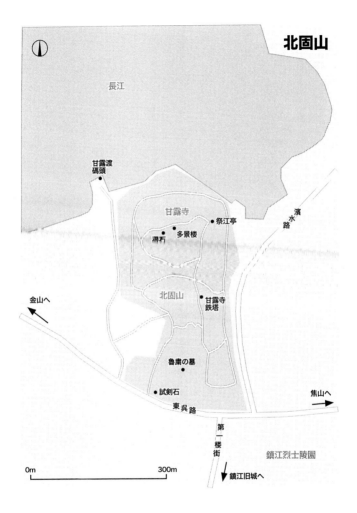

CHINA
江蘇省

りの景勝地が点在する北固山公園となっている。

甘露寺 甘露寺 gān lù sì ガンルウスー ［★★☆］
北固山の地形を利用して立つ甘露寺。『三国志演義』のなかで「劉備と孫権の妹が結婚式をあげた場所」として知られる。甘露寺という名前は、この寺が甘露年間（265 〜 66 年）に呉の孫晧によって建てられたためと伝えられるが、実際は官吏李徳裕が鎮江に赴任してきた唐代の 9 世紀の創建だという（そのとき甘露が降った）。明代には荒廃していたが、清代、現在の伽藍が再建された。

甘露寺鉄塔 甘露寺铁塔
gān lù sì tiě tǎ ガンルウスーティエタア [★☆☆]

甘露寺へ続く階段に立つ八角形の甘露寺鉄塔。9世紀、李徳裕によって建立された当初は石塔だったが、宋代の11世紀に再建されて鉄塔となった。たびたび破壊をこうむり、1960年に修復された際、この鉄塔のしたから唐宋代の石、玉、金銀、絹製品など2000点が出土した。

『三国志演義』の舞台

同盟した孫権と劉備は、赤壁で曹操の大軍を破ったあと、今

CHINA
江蘇省

度は荊州(湖北省)をめぐって争うことになった。孫権は妻をなくしたばかりの劉備に、孫尚香(孫権の妹)との結婚を提案して北固山の宮殿におびき出し、人質にとって荊州を奪おうとした(周瑜の計略)。209年、劉備玄徳は船10艘、500人の家臣とともに孫権の待つ鎮江を訪れたが、諸葛孔明は劉備を送り出すにあたって、智慧をめぐらせていた。ふたりの結婚を孫尚香の母呉国太に知らせるなどして(「私の娘を使って美人局を働くのか?」)、周瑜の計略を食いとめ、荊州はとられず無事に結婚を成功させた。このとき劉備玄徳は甘露寺で、「これこそ天下第一の江山でござるよのう」と言っ

▲左 山頂へ続く階段を登っていく。　▲右　甘露寺は『三国志演義』ゆかりの場所

たという（南朝梁の武帝の言葉が転用され、物語に描かれた）。劉備の死後、夫人は北固山祭江亭から長江に身投げしたと伝えられる。

試剣石 试剑石 shì jiàn shí シイジィエンシイ ［★☆☆］

甘露寺で行なわれた結婚式のなかで、劉備と孫権が剣を振ったという試剣石。両者は荊州（湖北省）をめぐって互いの思惑のなか駆け引きをしていた。劉備は天に向かって「もし劉備が荊州に帰って覇業を成就することができるならば、この石がふたつになれ」と念じて剣を振りおろすと、火花とともに石はまっ

CHINA
江蘇省

ぷたつになった。続いて孫権が「曹操を打ち破れるなら」と言いながらも、実際は「もし荊州がふたたび手に入り東呉を盛んにすることができようならば」と念じて剣を振りおろすと、またも石はふたつとなった。石に刻まれた十字の傷はこのときのものだと言われ、「恨み石」とも呼ばれる。劉備はこの場を切り抜けて荊州に戻って蜀を建国するが、やがて荊州は呉に奪われることになった（荊州は関羽が守っていた）。

鎮江を愛した文人

豊かな江南の恵みを受け、人や物資が集まる要衝だった鎮江

Zhenjiang　北固山鑑賞案内

は、数々の文化人を輩出している。唐代の李白や白居易、宋代の范仲淹、蘇軾、陸游などが鎮江で詩を詠み、とくに唐の詩人王湾の漢詩『次北固山下』が知られる（「客路青山の外、行舟緑水の前／潮は平らかにして両岸闊く、風は正しくして一帆懸る／海日残夜に生じ、江春旧年に入る／郷書何れの処にか達せん、帰雁洛陽の辺」）。また15世紀初頭までもっとも正確だった円周率355/113（3.14159292035）を算出した祖沖之（429～500年）、六朝時代に火薬を発明した葛洪（283年ごろ～343年ごろ）も鎮江に生きた人だった。

Guide, Jiao Shan
焦山 鑑賞案内

CHINA
江蘇省

金山、北固山とならび称される焦山
ここには晋代から明清へ続く
中国各時代に彫られた碑刻が残る

焦山 焦山 jiāo shān ジャオシャン [★★☆]

鎮江市街の北東、長江に浮かぶ標高 150m の焦山。周囲 2km ほどからなる島状の山に、定慧寺の伽藍、碑刻、乾隆行宮などの名所旧跡が展開する。焦山という名前は、後漢（25〜220年）末期、官吏焦光が北方の戦乱を逃れてこの地に居を構えたことにちなむ（焦光は、「仕官せよ」という皇帝の詔を三度、拝辞したという）。

定慧寺 定慧寺 dìng huì sì ディンフイスー ［★☆☆］

浄土宗の古刹定慧寺は、後漢献帝の時代（194年）に構えられた普済庵をはじまりとする（1世紀の後漢代、中国に仏教が伝わったとされ、その後まもなく建立された）。唐代、大雄宝殿が建てられるなど整備が進み、興廃を繰り返したのち、明代に再建された。定慧寺という名称は、鎮江に南巡した清朝第4代康熙帝によるもので、山をおおう樹木のなかに伽藍が展開する。

【地図】焦山

【地図】焦山の [★★☆]
- ☐ 焦山 焦山ジャオシャン
- ☐ 長江 长江チャンジィアン

【地図】焦山の [★☆☆]
- ☐ 定慧寺 定慧寺ディンフイスー
- ☐ 焦山碑刻 焦山碑刻ジャオシャンベイカア
- ☐ 砲台遺跡 炮台遺址パオタイイィチイ

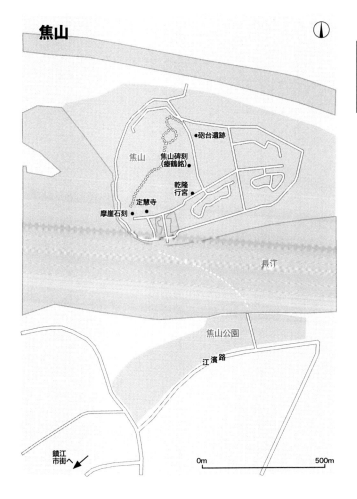

CHINA
江蘇省

焦山碑刻 焦山碑刻
jiāo shān bēi kè ジャオシャンベイカア [★☆☆]

王羲之など中国を代表する文人の書が残り、その数と質で江南随一にあげられる焦山碑刻。山西側の絶壁に彫られた200の摩崖石刻、山の東側の宝墨軒にある463基の碑刻から構成され、晋、唐、宋、元、明、清などその時代も幅広い。碑刻はさまざまな書体で記されているなか、とくに六朝時代の瘞鶴銘（えいかくめい）が名高い。

Zhenjiang 焦山鑑賞案内

▲左　創建は後漢代の2世紀にさかのぼるという。　▲右　焦山は長江に浮かぶようにそびえる

砲台遺跡 炮台遗址 pào tái yí zhǐ パオタイイィチイ［★☆☆］

1840年に勃発したアヘン戦争のとき、イギリス海軍へ砲撃を加えた砲台遺跡。イギリス海軍は広州から舟山、寧波を占領し、長江河口から南京へと艦隊を進めた。鎮江に姿を現した艦隊に対して、人々は火船を放ったり、夜襲をするなどして抵抗した。また長江から鎮江へと上陸した7000人のイギリス軍に対して、鎮江旧城を守る1200人の清軍と青州兵200人は頑強に抵抗し、街なかで激しい戦いが繰り広げられたという。やがて鎮江は陥落し、イギリス艦隊は南京へと向かった。

CHINA
江蘇省

アヘン戦争と清朝の降伏

アヘン戦争は中国茶を買って出したイギリスの赤字を、植民地インド産の麻薬アヘンを中国に売ることで相殺しようとしたことからはじまった。清朝の対外貿易は広州一港に限定されていたため、1840年、その近くで勃発したが、やがてイギリス海軍は北上して皇帝の暮らす北京の喉元にあたる天津と、北京への米や物資の集まる南京を目指した。中国経済は豊かな江南の物資を華北に送ることで成り立っていたため、鎮江を縦断する大運河を封鎖することで優位に立つ戦略だった。清朝は香港島の割譲や上海の開港などのイギリスの要求

焦山鑑賞案内 | Zhenjiang

を飲み、1842年、長江から南京にせまった英艦コーンウォリス号で南京条約が結ばれた。

Guide, Nan Shan
南山城市案内

鎮江市街の南部に広がる南山風景区
南京に都がおかれた六朝時代以来の
古刹が点在する

鶴林寺 鹤林寺 hè lín sì ハアリンスー ［★☆☆］

南京に都がおかれた東晋時代の321年に建立された古刹の鶴林寺。のちに南朝宋を樹立する劉裕（363～422年、在位420～422年）が即位前に農業をしていたとき、「黄鶴が舞うのを見た」という縁起から、皇帝即位後、鶴林寺と名づけられた（鎮江は、劉裕など北方から南遷した軍人の根拠地となっていた）。敷地内に美しい杜鵑花（さつき）やつつじが咲くことで知られる。

江蘇省

南山風景区 南山风景区
nán shān fēng jǐng qū ナンシャンフェンジンチュウ[★☆☆]
鎮江の南郊外にそびえる招隠山、夾山、九華山などを総称して南山風景区という。六朝時代（3〜6世紀）から王族や官吏が私邸を構えた場所で、竹林寺や招隠寺などの仏教寺院や亭、虎跑泉、鹿跑泉、珍珠泉などの泉が丘陵に点在する（六朝通じての首都南京に近く、美しい自然をもった南山あたりに仏教寺院が建てられた）。

竹林寺 竹林寺 zhú lín sì チュウリンスー ［★☆☆］
南山風景区の一角、夾山南麓に残る竹林寺。寺院は東晋代（317〜420年）の創建と伝えられ、寺院近くに豊かな竹林があったことから明代、林皋によって竹林寺と名づけられた。南巡した清朝第4代康熙帝もこの寺を訪れている。

【地図】南山

【地図】南山の [★☆☆]

- ☐ 鶴林寺 鹤林寺ハアリンスー
- ☐ 南山風景区 南山风景区ナンシャンフェンジンチュウ
- ☐ 竹林寺 竹林寺チュウリンスー
- ☐ 招隠寺 招隐寺チャオインスー
- ☐ 鎮江旧城 镇江旧城チェンジィアンジュウチャン
- ☐ 古運河 古运河グウユンハア

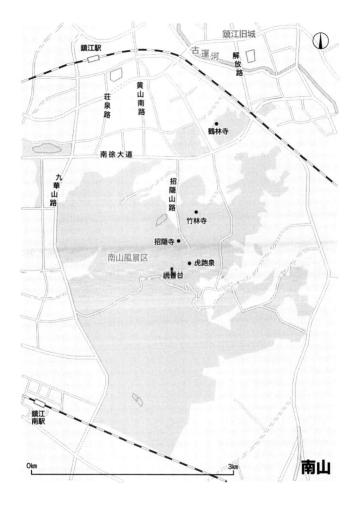

Zhenjiang 南山城市案内

南山

江蘇省

招隠寺 招隐寺 zhāo yǐn sì チャオインスー ［★☆☆］

招隠寺は南朝宋代（423年）に創建された古刹で、南山風景区の中心的存在となっている。招隠寺という名前は、東晋時代から宋にかけて隠士戴顒が暮らしていた招隠山にちなむ。昭明太子蕭統（梁武帝の皇子）がここで読書し、中国古典文学最高の選集とされる『文選』を編纂したことで知られる（『文選』は周代から南朝梁代までの1000年にわたる代表的な詩文を文体、時代別におさめている）。読書台や増華閣、虎跑泉などの名勝が点在する。

Guide,
Zhen Jiang Jiao Qu
鎮江郊外
城市案内

CHINA
江蘇省

長江が北を流れ、東には古都南京が位置する鎮江
20世紀末以来、開発が進む鎮江新区や
仏教や道教の聖地も位置する

鎮江21世紀楽園 镇江二十一世纪乐园
zhèn jiāng èr shí yī shì jì lè yuán
チェンジィアンアアシイィシイジイルァユゥエン [★☆☆]

鎮江市街東部の象山に位置する鎮江21世紀楽園。世紀巨蛋など巨大モニュメントが見られるテーマパークで、公園、博物館、レジャー施設が集まる。

潤揚大橋 润扬大桥
rùn yáng dà qiáo ルンヤンダアチャオ [★☆☆]

鎮江市街の西部、鎮江と揚州を結ぶ潤揚大橋(潤州は鎮江の古名)。1490mの吊り橋と北側の斜張橋からなる。長らく長

江を渡る手段は船しかなく、鎮江はその渡河地点となってきたが、2005年にこの橋が完成した。

瓜州 瓜州 guā zhōu グゥアチョウ ［★☆☆］

瓜州は長江をはさんで鎮江の対岸に位置する揚州側の運河駅だったところ（瓜州閘があった）。かつて江淮勝概楼が立ち、鎮江西津古渡から長江を渡った船はここで手続きをし、再び、船に乗って北方を目指した。

【地図】鎮江郊外

【地図】鎮江郊外の [★★☆]
- [ ] 長江 长江チャンジィアン

【地図】鎮江郊外の [★☆☆]
- [ ] 鎮江21世紀楽園 镇江二十一世纪乐园 チェンジィアンアアシイィシイジイルァユゥエン
- [ ] 潤揚大橋 润扬大桥ルンヤンダアチャオ
- [ ] 瓜州 瓜州グゥアチョウ
- [ ] 鎮江新区 镇江新区チェンジィアンシンチュウ
- [ ] 鎮江生態ニューシティ 镇江生态新城 チェンジィアンシェンタイシンチャン
- [ ] 茅山 茅山マオシャン
- [ ] 宝華山 宝华山バオフゥアシャン
- [ ] 丹陽南朝陵墓 丹阳南朝陵墓 ダンヤンナンチャオリンムウ
- [ ] 古運河 古运河グウユンハア

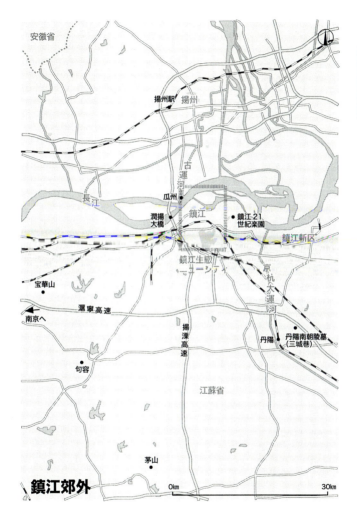

江蘇省

鎮江新区 镇江新区
zhèn jiāng xīn qū チェンジィアンシンチュウ [★☆☆]

鎮江新区は市街東部に位置する開発区で、税制などを優遇することで外資が誘致され、各国の企業が進出している。1992年に設置された鎮江経済開発区を前身とし、1998年に大港経済開発区と合併して鎮江新区になった。長江の港をもち、製造業、物流拠点となっている大港エリアと、科学技術、ソフトウェアの丁卯エリアからなる。上海から210kmの距離、長江中流域に続く地の利をもつ。

鎮江生態ニューシティ 镇江生态新城 zhèn jiāng shēng tài xīn chéng チェンジィアンシェンタイシンチャン [★☆☆]
鎮江生態ニューシティは、環境に配慮した都市をつくることを目的に進められているプロジェクト。急増する人口、地球環境に配慮し、緑地や豊かな水、農地を確保した住環境を実現するという。

茅山 茅山 máo shān マオシャン [★☆☆]
茅山は「第八洞天」「第一福地」にあげられる江南道教の聖地のひとつ。高さ330mの主峰大茅山を中心に洞窟が点在し、

CHINA
江蘇省

そこは天に通じると考えられてきた。南朝梁（502〜557年）の武帝の時代に「山中の宰相」と言われた陶弘景はじめ、茅山派の道士の拠点となってきた（都南京への近さもあり、道教一派の拠点となった）。巨大な太上老君像が立ち、頂宮を中心に道教寺院が展開する。

宝華山 宝华山 bǎo huà shān バオフゥアシャン ［★☆☆］
仏教律宗の聖地隆昌寺が立つ高さ437mの宝華山。南朝斉から梁代（5〜6世紀）の都南京で、庶民の人気を集めた宝誌和尚が庵を結んだ場所だと伝えられる（未来を予言するなど

▲左　長江にかかる長さ1490mの潤揚大橋。　▲右　高層建築も次々に立っている、鎮江駅南口にて

奇行で知られ、髪を伸ばして裸足で歩き、ときに人々を惑わすとして投獄もされた)。その後、梁代の502年に隆昌寺が建てられ、江南仏教の拠点のひとつとなった。

丹陽南朝陵墓 丹阳南朝陵墓 dān yáng nán cháo líng mù
ダンヤンナンチャオリンムウ［★☆☆］

宋、斉、梁、陳といった南朝（420〜589年）の皇帝陵墓は都南京郊外におかれ、とくに丹陽は斉と梁の領区となっていた（南朝陵墓は南京、丹陽、句容、江寧に分布する)。これらの皇帝陵墓は丹陽市街北東の経山周囲にあたる獅子湾、趙

CHINA
江蘇省

家湾、前艾廟、三城巷などに残り、陵墓を守護する石灰岩製の石獣(麒麟)も見られる。三城巷には南朝の黄金時代を築いた梁武帝の修陵はじめ、梁文帝、斉明帝、梁簡文帝の陵墓が残る。有角石獣が皇帝の陵墓、無角が皇帝ではない王族のものといった区別があると言われ、皇帝や王侯貴族とそれぞれの陵墓の比定は異なる説がある。549年に起こった侯景の乱で破壊を受けたことから南朝の文物がほとんど現存しないなか、南朝文化を伝える貴重なものとなっている。

鎮江郊外城市案内 Zhenjiang

南朝と鎮江

鎮江南の丹陽に皇帝陵墓が残るのは、南朝（420 〜 589 年）が華北の動乱で南遷した東晋の流れを受けたことと関係する。南京に都をおいた東晋を支えたのが、同じく華北から南遷してきた人々による軍事集団「北府」で、その拠点が鎮江や丹陽にあった（鎮江は南徐州と言われるなど、北方からの移民が暮らす場所となっていた。現在も鎮江では北方の言葉の伝統が残る）。やがて世が乱れると、北府をひきいる軍人の劉裕が東晋に替わって南朝宋を樹立した。宋の劉裕は死ぬ間際に「京口（鎮江）は要衝の地で、首都にきわめて近い。

CHINA
江蘇省

皇室外戚以外の者を任命してはならぬ」と述べたという。南遷した人々は中原漢族の優れた文化を江南の地に伝え、異民族の支配を受けた華北(北朝)に対して、書や画など優れた貴族文化を咲き誇らせた。また日本の大和朝廷が宋代から梁代にかけて南京の南朝に使者を派遣したという記録が残っている。

城市のうつりかわり

CHINA
江蘇省

江南でも有数の3000年以上の歴史をもつ鎮江
610年に中国の南北を結ぶ運河が開通し
時代をくだるごとにその地位を高めてきた

古代

鎮江の歴史は、蘇州や南京、揚州にくらべても古く、夏殷周の時代には朱方と呼ばれ、北方民族が南方へ進出するための足がかりとなっていた（周代にはすでに中原の文化が届いていた）。紀元前4世紀の戦国時代、楚が越を滅ぼしたとき谷陽と改名され、その後、紀元前210年、秦始皇帝の東巡にあたって丹徒と呼ばれるようになった。丹徒という名前は、始皇帝が道路や運河工事を3000人の囚人に行なわせ、その囚人が朱（丹）色の服を来ていたことに由来するという。この時代の丹徒は現在の鎮江市の東7.5kmの丹徒鎮にあったと考

えられている。

六朝時代（3〜6世紀）

三国呉の孫権は、杭州から江南地方へ進出し、鎮江北固山に鉄甕城を築いて208〜211年の3年間、ここに都をおいた。以後、京は「高台」を、口は「長江への入口」を意味する京口と呼ばれ、現在も鎮江の古名となっている。4世紀、華北が動乱すると、北方の人々の多くが南遷して南京に東晋王朝が開かれ、鎮江は都の東を守る要衝となった（このとき、徐州を本籍地にもつ人々が移住してきたことから、鎮江は南徐

CHINA
江蘇省

州と呼ばれた)。鎮江一帯は、北方から移住してきた有力な家が暮らす地となり、東晋に替わる宋朝の劉氏、斉・梁朝の蕭氏などが鎮江から南京の皇帝へと即位した。

隋唐宋時代（6～13世紀）

589年、南北朝に分離していた中国は隋によって統一された。このとき街の東に流れていた潤浦という川にちなんで鎮江は潤州と呼ばれるようになった。610年、隋の煬帝はそれまで別々に使われていた運河を杭州から北京近くまで通じるように整備し、中国南北を結ぶこの大動脈が鎮江を通ったことか

▲左 屋根の先には守護神の走獣が見える。　▲右 夏の日差しは強い、西津古渡にて

ら、街の繁栄は決定的になった。唐代、長江の渡河地点にあたるこの街に鎮海軍節度使がおかれ、大量の軍が配備されるなど要地としての性格は続き、北宋代の1113年に鎮江府がおかれて以来、「長江を鎮める」鎮江という名前が定着している（長江にのぞむ風光明媚さから、唐代の李白や白居易、宋代の范仲淹、蘇軾、陸游などが鎮江を詩に詠っている）。その後、南宋時代、北方の金との前線基地となったこともあり、金の使節は金山の呑海亭でもてなしを受けたという。

CHINA
江蘇省

元代（13 〜 14 世紀）

フビライ・ハンによって樹立された元では、モンゴル人、イスラム教徒の色目人などが支配階級となって鎮江をおさめていた（鎮江の長官 21 人のうち、漢族はひとりだけであとはモンゴル人と色目人だった）。皇帝のいる北京から見て南方支配の拠点となっていた鎮江には、マルコ・ポーロも訪れ、「この町には富裕な大商人が少なくない。鳥類も獣類もともに多くて狩猟の獲物が豊かだし、穀物その他の食糧もきわめて豊富である」と記している。当時、サマルカンド人マールサルギスが鎮江に赴任し、ネストリウス派のキリスト教会があっ

Zhenjiang　城市のうつりかわり

たという。西津古渡には、元代に保護されたチベット仏教のストゥーパが残っている。

明清時代（14〜19世紀）
当初、南京にあった明の都は永楽帝の時代（在位1402〜24年）に北京へと遷都された。経済力に勝る江南の米や物資を運河で華北に運ぶ漕米は、古くから行なわれてきたが、明清時代、物資の集散拠点としての鎮江の地位はより高まることになった（長江渡河地点の治安を守り、物資を滞りなく往来させることがこの地の官吏の重要な使命だった）。また清代、康熙

CHINA
江蘇省

帝や乾隆帝などの皇帝が南巡に訪れた際、鎮江に立ち寄ってこの地の美しい景色を愛でている。1840年に勃発したアヘン戦争では、大運河を封鎖するべく、イギリス艦隊が長江を遡上してきた経緯もあり、やがて1858年の天津条約で鎮江は開港された。イギリス租界がおかれた雲台山近くには、当時の近代建築が今も残っている。

近現代（20世紀〜）

19世紀末、イギリスが鎮江に租界をおいたのは、長江と大運河が交わる鎮江の地の利に注目したことによる。20世紀

▲左 ショッピングモールのなかにはしゃれた店も多い。　▲右　歴史と文学に彩られた古都の姿

に入ると大運河はやがて鉄道（津鎮鉄道）にとって代わられ、また長江を汽船が行き交うようになった。南京に首都がおかれた蒋介石（1887～1975年）の時代、鎮江は江蘇省の省都となった経緯もある（1937年、日本に占領されてもいる）。1949年の新中国発足後も、鎮江は長江の渡河地点で、長江を通じた重要な河港をもつ要衝としての地位は続いた。こうしたなか、20世紀末から市街東部に開発区の鎮江新区が整備され、2005年に長江北岸と南岸を結ぶ潤揚大橋がかかるなど、街は新たな発展局面を迎えている。

参考文献

『中国の歴史散歩 3』(山口修・鈴木啓造 / 山川出版社)

『古代揚子江の至宝 中国歴史文化都市・鎮江文物展』(津市、津市教育委員会)

『歴史文化名城としての中国・鎮江市における歴史的環境保全に関する研究』(陶宝華・浅野聡・今井正次・浦山益郎・中井孝幸・鎌江寛子・河合慎介・中村慎吾・吉田正二 / 学術講演梗概集)

『中国・地場の旅 -17 江蘇省 鎮江・常州』(平田幹郎 / 地域開発)

『中国におけるパール・バックの足跡』(西澤治彦 / 武蔵大学総合研究所紀要)

『カメラでぶらり 鎮江『白蛇伝』とお酢の街』(郭実 / 人民中国)

『你好鎮江』(橋本心泉 / 津市・鎮江市芸術文化交流会)

『世界大百科事典』(平凡社)

まちごとパブリッシングの旅行ガイド
Machigoto INDIA , Machigoto ASIA , Machigoto CHINA

【北インド - まちごとインド】

001 はじめての北インド
002 はじめてのデリー
003 オールド・デリー
004 ニュー・デリー
005 南デリー
012 アーグラ
013 ファテープル・シークリー
014 バラナシ
015 サールナート
022 カージュラホ
032 アムリトサル

【西インド - まちごとインド】

001 はじめてのラジャスタン
002 ジャイプル
003 ジョードプル
004 ジャイサルメール
005 ウダイプル
006 アジメール（プシュカル）
007 ビカネール
008 シェカワティ
011 はじめてのマハラシュトラ
012 ムンバイ
013 プネー
014 アウランガバード
015 エローラ
016 アジャンタ
021 はじめてのグジャラート
022 アーメダバード
023 ヴァドダラー（チャンパネール）
024 ブジ（カッチ地方）

【東インド - まちごとインド】

002 コルカタ
012 ブッダガヤ

【南インド - まちごとインド】

001 はじめてのタミルナードゥ
002 チェンナイ
003 カーンチプラム
004 マハーバリプラム
005 タンジャヴール
006 クンバコナムとカーヴェリー・デルタ
007 ティルチラパッリ
008 マドゥライ
009 ラーメシュワラム
010 カニャークマリ
021 はじめてのケーララ
022 ティルヴァナンタプラム
023 バックウォーター（コッラム〜アラップーザ）
024 コーチ（コーチン）
025 トリシュール

【ネパール - まちごとアジア】

001 はじめてのカトマンズ
002 カトマンズ
003 スワヤンブナート

004 パタン
005 バクタプル
006 ポカラ
007 ルンビニ
008 チトワン国立公園

【バングラデシュ - まちごとアジア】

001 はじめてのバングラデシュ
002 ダッカ
003 バゲルハット（クルナ）
004 シュンドルボン
005 プティア
006 モハスタン（ボグラ）
007 パハルプール

【パキスタン - まちごとアジア】

002 フンザ
003 ギルギット（KKH）
004 ラホール
005 ハラッパ
006 ムルタン

【イラン - まちごとアジア】

001 はじめてのイラン
002 テヘラン
003 イスファハン
004 シーラーズ
005 ペルセポリス
006 パサルガダエ（ナグシェ・ロスタム）
007 ヤズド
008 チョガ・ザンビル（アフヴァーズ）
009 タブリーズ
010 アルダビール

【北京 - まちごとチャイナ】

001 はじめての北京
002 故宮（天安門広場）
003 胡同と旧皇城
004 天壇と旧崇文区
005 瑠璃廠と旧宣武区
006 王府井と市街東部
007 北京動物園と市街西部
008 頤和園と西山
009 盧溝橋と周口店
010 万里の長城と明十三陵

【天津 - まちごとチャイナ】

001 はじめての天津
002 天津市街
003 浜海新区と市街南部
004 薊県と清東陵

【上海 - まちごとチャイナ】

001 はじめての上海
002 浦東新区
003 外灘と南京東路
004 淮海路と市街西部
005 虹口と市街北部
006 上海郊外（龍華・七宝・松江・嘉定）
007 水郷地帯（朱家角・周荘・同里・甪直）

【河北省 - まちごとチャイナ】

001 はじめての河北省
002 石家荘
003 秦皇島
004 承徳
005 張家口
006 保定
007 邯鄲

【江蘇省 - まちごとチャイナ】

001 はじめての江蘇省
002 はじめての蘇州
003 蘇州旧城
004 蘇州郊外と開発区
005 無錫
006 揚州
007 鎮江
008 はじめての南京
009 南京旧城
010 南京紫金山と下関
011 雨花台と南京郊外・開発区
012 徐州

【浙江省 - まちごとチャイナ】

001 はじめての浙江省
002 はじめての杭州
003 西湖と山林杭州
004 杭州旧城と開発区
005 紹興
006 はじめての寧波
007 寧波旧城
008 寧波郊外と開発区
009 普陀山
010 天台山
011 温州

【福建省 - まちごとチャイナ】

001 はじめての福建省
002 はじめての福州
003 福州旧城
004 福州郊外と開発区
005 武夷山
006 泉州
007 厦門
008 客家土楼

【広東省 - まちごとチャイナ】

001 はじめての広東省
002 はじめての広州
003 広州古城
004 天河と広州郊外
005 深圳（深セン）
006 東莞
007 開平（江門）
008 韶関
009 はじめての潮汕
010 潮州
011 汕頭

【遼寧省 - まちごとチャイナ】

001 はじめての遼寧省
002 はじめての大連
003 大連市街
004 旅順
005 金州新区

006 はじめての瀋陽
007 瀋陽故宮と旧市街
008 瀋陽駅と市街地
009 北陵と瀋陽郊外
010 撫順

【重慶 - まちごとチャイナ】

001 はじめての重慶
002 重慶市街
003 三峡下り（重慶〜宜昌）
004 大足

【香港 - まちごとチャイナ】

001 はじめての香港
002 中環と香港島北岸
003 上環と香港島南岸
004 尖沙咀と九龍市街
005 九龍城と九龍郊外
006 新界
007 ランタオ島と島嶼部

【マカオ - まちごとチャイナ】

001 はじめてのマカオ
002 セナド広場とマカオ中心部
003 媽閣廟とマカオ半島南部
004 東望洋山とマカオ半島北部
005 新口岸とタイパ・コロアン

【Juo-Mujin（電子書籍のみ）】

Juo-Mujin 香港縦横無尽
Juo-Mujin 北京縦横無尽
Juo-Mujin 上海縦横無尽

【自力旅游中国 Tabisuru CHINA】

001 バスに揺られて「自力で長城」
002 バスに揺られて「自力で石家荘」
003 バスに揺られて「自力で承徳」
004 船に揺られて「自力で普陀山」
005 バスに揺られて「自力で天台山」
006 バスに揺られて「自力で秦皇島」
007 バスに揺られて「自力で張家口」
008 バスに揺られて「自力で邯鄲」
009 バスに揺られて「自力で保定」
010 バスに揺られて「自力で清東陵」
011 バスに揺られて「自力で潮州」
012 バスに揺られて「自力で汕頭」
013 バスに揺られて「自力で温州」

【車輪はつばさ】
南インドのアイラヴァテシュワラ寺院には建築本体に車輪がついていて寺院に乗った神さまが人びとの想いを運ぶと言います。

- 本書はオンデマンド印刷で作成されています。
- 本書の内容に関するご意見、お問い合わせは、発行元の
まちごとパブリッシング info@machigotopub.com までお願いします。

まちごとチャイナ
江蘇省007鎮江
～長江と大運河の「黄金十字路」［モノクロノートブック版］

2017年11月14日　発行

著　者	「アジア城市（まち）案内」制作委員会
発行者	赤松　耕次
発行所	まちごとパブリッシング株式会社 〒181-0013　東京都三鷹市下連雀4-4-36 URL http://www.machigotopub.com/
発売元	株式会社デジタルパブリッシングサービス 〒162-0812　東京都新宿区西五軒町11-13 清水ビル3F
印刷・製本	株式会社デジタルパブリッシングサービス URL http://www.d-pub.co.jp/

MP129

ISBN978-4-86143-263-7 C0326　　　　Printed in Japan
本書の無断複製複写（コピー）は、著作権法上での例外を除き、禁じられています。